Rainer Wolke

Pferde satteln, fertig, los!

4 spannende Pferde-Abenteuer
in einem Band

Bibi & Tina
Lesen lernen
Leseanfänger
ab 6 Jahren

Klett Lerntraining

Bibliografische Information der Deutschen Nationalbibliothek
Die Deutsche Nationalbibliothek verzeichnet diese Publikation in der
Deutschen Nationalbibliografie; detaillierte bibliografische Daten sind
im Internet über http://dnb.dnb.de abrufbar.

Dieses Werk folgt der neuesten Rechtschreibung und Zeichensetzung.

„Hexspruch" ist ein Begriff aus der Welt von Bibi Blocksberg.
Das Pony mit dem Namen „Snoopy" in der Geschichte „Flammen auf dem Martins-
hof" spricht man so aus: Snupi (mit langem u).
Diese Buch enthält die Einzelbände: Rehkitz in Not, Flammen auf dem Martinshof,
Tinas großes Turnier, Der große Streit

4. Auflage 2017

© 2016 KIDDINX Studios GmbH, Berlin
Redaktion: Susanne Stephan
Lizenz durch KIDDINX Media GmbH
Lahnstraße 21, 12055 Berlin

© PONS GmbH, Stöckachstraße 11, 70190 Stuttgart 2016. Alle Rechte vorbehalten.
www.klett-lerntraining.de
Teamleiterin Grundschule und Kinderbuch: Susanne Schulz
Umschlaggestaltung und Layout: Sabine Kaufmann, Stuttgart
Autor: Rainer Wolke
Illustrationen: Madlen Frey, Till Bayreuther
Satz: tebitron gmbh, Gerlingen
Druck: Aumüller Druck GmbH & Co. KG, Regensburg
Bindung: Conzella Verlagsbuchbinderei Urban Meister GmbH & Co KG, Pfarrkirchen
Printed in Germany
ISBN 978-3-12-949408-0

Inhalt

Noch mehr Lesestoff mit den beiden Freundinnen ...

ISBN 978-3-12-949409-7

Die große Pony-Party

ISBN 978-3-12-949080-8

Rettung bei Nacht

ISBN 978-3-12-949258-1

Rehkitz in Not!

ISBN 978-3-12-949090-7

Wirbel um Fohlen Felix

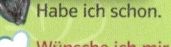

♡ Habe ich schon.
♡ Wünsche ich mir.

♡ Habe ich schon.
♡ Wünsche ich mir.

♡ Habe ich schon.
♡ Wünsche ich mir.

♡ Habe ich schon.
♡ Wünsche ich mir.

ISBN 978-3-12-949394-6

Flammen auf dem Martinshof

ISBN 978-3-12-949333-5

Das kleine Schweinchen Rosa

ISBN 978-3-12-949334-2

Pferde-Abenteuer am Meer

ISBN 978-3-12-949411-0

Gefährliche Schatzsuche

♡ Habe ich schon.
♡ Wünsche ich mir.

♡ Habe ich schon.
♡ Wünsche ich mir.

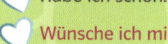

♡ Habe ich schon.
♡ Wünsche ich mir.

♡ Habe ich schon.
♡ Wünsche ich mir.

ISBN 978-3-12-949062-4

Sabrina ist krank

ISBN 978-3-12-949257-4

Tinas großes Turnier

ISBN 978-3-12-949069-3

Die verhexte Hochzeitskutsche

ISBN 978-3-12-949395-3

Der große Streit

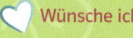

♡ Habe ich schon.
♡ Wünsche ich mir.

♡ Habe ich schon.
♡ Wünsche ich mir.

♡ Habe ich schon.
♡ Wünsche ich mir.

♡ Habe ich schon.
♡ Wünsche ich mir.

Spannende Geschichten plus Pferde-Infos:

ISBN 978-3-12-949391-5

Pferdeglück mit Bibi und Tina

ISBN 978-3-12-949398-4

Ein Herz für Pferde

ISBN 978-3-12-949349-6

Pferdeträume mit Bibi und Tina

♡ Habe ich schon.
♡ Wünsche ich mir.

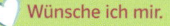

♡ Habe ich schon.
♡ Wünsche ich mir.

♡ Habe ich schon.
♡ Wünsche ich mir.

© 2017 KIDDINX Studios GmbH, Berlin Lizenz durch KIDDINX Media GmbH, Lahnstr. 21, 12055 Berlin

bibiundtina.de

Erhältlich im Buchhandel.
Weitere Infos: www.klett-lerntraining.de

Rehkitz in Not

1. Klasse · Leseanfänger

Ein Wettreiten
mit Folgen

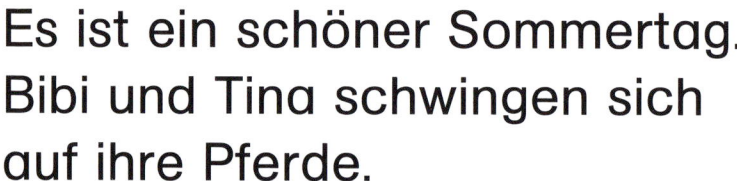

Es ist ein schöner Sommertag.
Bibi und Tina schwingen sich
auf ihre Pferde.
„Wer zuerst am Mühlenbach ist!",
ruft Bibi übermütig.
Tina ist begeistert:
„Na warte, diesmal gewinne ich!"

Lachend jagen die beiden
über die Wiesen.
Plötzlich springt vor ihnen
ein erschrecktes Reh auf.
Es verschwindet im Wald.

Doch was ist das?
Durch das Gras
humpelt ein Kitz!
Es versucht,
seiner Mutter zu folgen,
aber es ist am Bein verletzt.

Bibi springt von Sabrina
und läuft zu dem Kitz.
Vorsichtig streichelt sie es.
„Hab' keine Angst",
flüstert sie ihm leise ins Ohr.

Tina ist entsetzt:
„Bibi! Was machst du denn?
Man darf Kitze nicht anfassen.
Jetzt nimmt es die Mutter
nicht mehr an!"

Auweia!
Das hatte Bibi
vor Aufregung ganz vergessen.
„Ich wollte ihm doch nur helfen",
erklärt sie Tina verzweifelt.

Bibi und Tina
haben eine Idee

Das Rehkitz fiept aufgeregt.
„Es ruft nach seiner Mutter.
Sicher hat es Hunger",
überlegt Tina.
Tatsächlich saugt es jetzt sogar
an Bibis kleinem Finger.

Bibi ist noch immer betrübt.
„Wie können wir dem Kleinen
nur helfen?",
fragt sie Tina.

„Ich habe schon mal ein Kälbchen
mit der Flasche aufgezogen",
berichtet Tina.
„Das geht auch mit einem Kitz.
Aber wie bringen wir es
auf den Martinshof?"

Da hat Bibi eine gute Idee.
„Wir bauen eine Trage",
schlägt sie vor.
„Dann muss es nicht laufen."

Sofort legen die Freundinnen los.
Aus Ästen, Zweigen und Blättern
basteln sie eine weiche Trage.
Das Reh sieht vom Wald aus zu,
traut sich aber nicht,
näher zu kommen.

Tina bindet die Trage
am Sattel von Amadeus fest.
Vorsichtig legen sie
das Kitz darauf.
Dann traben alle langsam in
Richtung Martinshof los.

Doktor Eichhorn kommt

Bald kommt die kleine Gruppe
auf dem Martinshof an.
Alle Tiere begrüßen das Kitz.
Und das Kleine?
Es reckt neugierig den Hals.

Bibi gibt ihm die Flasche.
Das Kitz trinkt gierig.
„Das machst du aber gut",
freut sich Bibi.

Tina ruft inzwischen den Tierarzt an.
Zum Glück kann Doktor Eichhorn
gleich zum Martinshof kommen.
Sorgfältig untersucht er das Bein
von dem kleinen Kitz.

„Euer Rehkitz hat Glück gehabt",
erklärt der Tierarzt erleichtert.
„Das Bein ist nicht gebrochen.
Es ist nur geprellt."

Doktor Eichhorn
trägt eine Salbe auf und
legt einen kleinen Verband an.
„Der wird das Kitz nicht stören",
erklärt er den Mädchen.
„Bald kann es wieder springen!"

Tina ist erleichtert.
Bibi kann sich aber
gar nicht richtig freuen.
„Trotzdem muss das Kitz
ohne Mutter aufwachsen",
seufzt sie unglücklich.

Bibi macht alles wieder gut

Aber Doktor Eichhorn erklärt:
„Mit dem verletzten Bein
hätte die Mutter ihr Kitz
zurücklassen müssen.
Alleine kann es
noch nicht überleben.
Ihr habt es also gerettet!"

Er sieht Bibi lächelnd an:
„Du weißt, ich mag es nicht,
wenn du Tiere gesund hext.
Aber einen Geruch wegzuhexen
fände ich in Ordnung."

Jetzt kann Bibi wieder lachen.
„Super!", ruft sie vergnügt.
„Ich weiß auch schon
den passenden Hexspruch.
Eene meene ..."

Doch plötzlich
fällt Tina ihr ins Wort.
„Moment, Bibi!", ruft sie.
„Erst müssen wir das Kitz
zu seiner Mutter zurückbringen!"

Kurz darauf sind Bibi und Tina
mit dem Kitz auf der Wiese.
Bibi hext entschlossen:
„Eene meene Küchentuch,
verschwunden ist aller Geruch!
Hex-hex!"

Bibi und Tina ziehen sich
auf den nahen Hochsitz zurück.
Bald nähert sich die Rehmutter.
Freudig leckt sie ihr Kitz ab.
„Ende gut, alles gut",
flüstert Bibi glücklich.

Hufeisen-Quiz

 **1** **Wohin wollen Bibi und Tina reiten?**

- ◯ zum Mühlenbuch
- ◯ zum Mühenbach
- ⊗ zum Mühlenbach

 **2** **Welches Tier erschreckt sich?**

- ⊗ ein Reh
- ◯ ein Regenwurm
- ◯ ein Schaf

30

 **3 Warum kann das Kitz seiner Mutter nicht folgen?**

○ Es sitzt in einer Falle.

⊗ Es humpelt.

○ Es ist angebunden.

 **4 Was sollte man nie mit einem Kitz in der Natur tun?**

⊗ es anfassen

○ es dressieren

○ es füttern

 **5 Wie bringen Bibi und Tina das verletzte Kitz zum Martinshof?**

○ Sie legen ihm einen Gips an.

○ Sie rufen einen Tierkrankenwagen.

⊗ Sie bauen eine Trage.

6 Wer kümmert sich gleich um das Kitz?

- ⊗ Tierarzt Doktor Eichhorn
- ○ Frau Martin
- ○ Graf Falko von Falkenstein

7 Freut sich Bibi über das gesunde Kitz?

- ○ Ja, Bibi hat keine Sorgen mehr.
- ⊗ Nur ein bisschen, denn sie glaubt, das Kitz müsste ohne Mutter aufwachsen.
- ○ Nein, sie mag nur Pferde.

8 Wie tröstet Doktor Eichhorn Bibi?

- ○ Er spendiert ein Eis.
- ⊗ Er sagt, dass die Kinder das Kitz gerettet hätten.
- ○ Er bringt das Kitz in einen schönen Streichelzoo.

 **Was tut Bibi, damit das Reh sein Kitz wieder erkennt?**

- ⊗ Sie hext den Geruch der Menschen weg.
- ◯ Sie lernt die Rehsprache und erklärt der Rehmutter alles.
- ◯ Sie reibt es mit feuchten Blättern ab.

 **Warum kommt die Rehmutter sofort?**

- ◯ Sie will auf der Wiese fressen.
- ⊗ Sie hat in der Nähe auf ihr Kitz gewartet.
- ◯ Sie glaubt, die Menschen würden sie füttern.

Lösungen

Rehkitz in Not

 **1** zum Mühlenbach

 2 ein Reh

 **3** Es humpelt.

 4 es anfassen

 **5** Sie bauen eine Trage.

 6 Tierarzt Doktor Eichhorn

 **7** Nur ein bisschen, denn sie glaubt, das Kitz müsste ohne Mutter aufwachsen.

8 Er sagt, dass die Kinder das Kitz gerettet hätten.

 **9** Sie hext den Geruch der Menschen weg.

 **10** Sie hat in der Nähe auf ihr Kitz gewartet.

Flammen auf dem Martinshof

1. Klasse · Leseanfänger

 # Picknick mit Wolken

Es ist ein schöner Sommertag.
Bibi, Tina und Alexander
sitzen auf einer Decke am See
und picknicken.
Die drei Pferde grasen.
„Herrlich!", jubelt Bibi.

Sie lässt sich ins Gras fallen.
Doch was ist das?
Am Himmel ziehen
schwarze Wolken auf.

„Das Gewitter geht bald los!",
meint Alexander.
Blitzschnell packen
die drei Freunde zusammen.

Bibi, Tina und Alexander
reiten durch den Wald zurück.
Die Wolken am Himmel
werden immer dunkler.
Doch sie haben Glück.
Trocken erreichen sie den Hof.

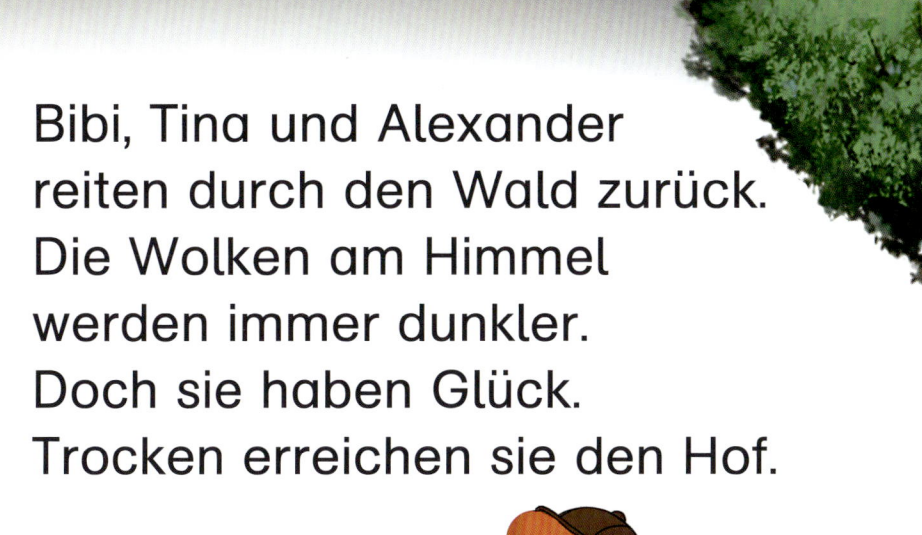

Rasch helfen die drei Freunde
Holger und Tinas Mutter.
Alle Tiere müssen in den Stall.
Manche Ferienkinder fürchten sich.
Besonders der kleine Bodo.
Doch Frau Martin tröstet ihn.

„Das war knapp", stöhnt Tina
und plumpst auf einen Stuhl.
Donner kracht.
Plötzlich schlägt ein Blitz
in den großen Baum ein!

Feueralarm!

Bibi, Tina und Alexander laufen
zum Fenster.
Der Baum brennt!
Überall ist Rauch.
Alex reagiert am schnellsten.
Er alarmiert die Feuerwehr.

„Wir können nicht
auf die Feuerwehr warten!",
beschließt Frau Martin.
„Im Stall ist trockenes Stroh,
das darf kein Feuer fangen!"
Holger läuft sofort nach draußen.
Bibi, Tina und Alexander folgen ihm.

„Ich hole den Schlauch,
dreht ihr das Wasser auf!",
ruft Holger.
Aber der Wasserstrahl
ist viel zu schwach.
Der Baum brennt weiter.

Frau Martin bringt alle Kinder
auf die Pferdekoppel.
„Keine Angst",
beruhigt sie die Kleinen.
„Bis hierher kann das Feuer
nicht kommen!"

Alex läuft in den Kuhstall und
treibt die Tiere auf die Weide.
Tina kümmert sich um die Hasen.
Bibi bringt die Enten
in Sicherheit.

Dann sind die Pferde dran.
Tina führt alle nach draußen,
aber Snoopy scheut.
Das Pony hat zu große Angst
vor dem lodernden Feuer.
Es will einfach nicht aus der Box.

Snoopy hat Angst

Bibi steht in der Box von Snoopy.
„Hab keine Angst, mein Kleiner",
flüstert sie.
Doch das niedliche Pony
lässt sich nicht beruhigen.

Da kommt Tina
ihrer Freundin zu Hilfe.
Sie bringt eine saftige Möhre mit.
Aber auch damit
lässt sich Snoopy nicht locken.

Bibi sieht Tina fragend an.
„Hier hilft nur Hexerei, oder?"
Tina nickt.
„Eene meene kleiner Riese,
du siehst eine Blumenwiese.
Hex-hex!"

Sofort entspannt sich Snoopy.
Das Pony schnaubt vergnügt.
Tina und Bibi können es leicht
auf die sichere Koppel führen.

„Jetzt sind alle Kinder und Tiere
in Sicherheit!",
glaubt Frau Martin.
Tina sieht sich um.

Das Lämmchen ist da,
Ziegenbock Hoheit und ...
„Nein!", ruft Tina plötzlich.
„Huhn Berta fehlt noch!"
Frau Martin wird bleich.
„Und der kleine Bodo",
stammelt sie.

Wo ist Bodo?

Bodo ist verschwunden!
„Sicher hat er sich
aus Angst irgendwo versteckt",
vermutet Frau Martin.
Und wo ist Huhn Berta?
Sofort schwärmen alle aus
und suchen die beiden.

Da hört Bibi ein Lachen.
Hinter der Regentonne
bewegt sich etwas.
„Hihi, hör auf, Berta",
kichert jemand.
„Das kitzelt!"

55

Hinter der Tonne sitzt Bodo
mit einem Nest auf seinem Schoß.
Darin hockt Berta.
„Sie wollte ihr Nest
nicht verlassen", erklärt Bodo.

„Ich konnte sie doch nicht
alleine lassen!"
Bibi und Bodo bringen Berta
in die alte Hundehütte.
Da kommt endlich die Feuerwehr!
Im Nu ist der Brand gelöscht.

Am nächsten Morgen
scheint wieder die Sonne.
Um die Rettung zu feiern,
frühstücken alle draußen.
„Seht mal!",
ruft Bodo plötzlich.

Über den Hof trippelt Berta.
Gefolgt von vier Küken!
Bibi ruft:
„Kein Wunder, dass sie ihr Nest
nicht alleine lassen wollte!"

Hufeisen-Quiz

 **1 Was machen die drei Freunde auf der Wiese am See?**

- ◯ ein Feuerwerk
- ⊗ ein Picknick
- ◯ ein Zeltlager

 **2 Wer vermutet ein Gewitter?**

- ◯ Tina
- ⊗ Alexander
- ◯ Bibi

3 Wer oder was hat den Baum in Brand gesetzt?

- ⚪ ein Ferienkind
- ⚪ ein Blitz
- ⚪ ein Kabelbrand

4 Warum ist der Brand besonders gefährlich?

- ⚪ Vor dem Haus liegt die Gasleitung.
- ⚪ Aus dem Traktormotor tropft Öl.
- ⚪ In der Scheune ist trockenes Stroh.

5 Warum will das Pony nicht aus dem Stall?

- ⚪ Es hat Angst.
- ⚪ Es will zu Ende fressen.
- ⚪ Es schläft gerade.

61

 **6 Wie gelingt es,
Snoopy zu beruhigen?**

- ◯ Tina gibt dem Pony eine Möhre.
- ⊘ Bibi hext eine Blumenwiese.
- ◯ Alexander sagt, der Brand sei gelöscht.

 **7 Welches Tier ist nicht zu finden?**

- ◯ Kälbchen Käthe
- ◯ Ziegenbock Hoheit
- ⊗ Huhn Berta

 **8 Warum ist Bodo weg?**

- ◯ Er will der Feuerwehr den Weg zeigen.
- ⊘ Er will Huhn Berta beschützen.
- ◯ Er will den Baum fällen.

 **9 Wer löscht das Feuer?**

⊗ die Feuerwehr

◯ der Regen

◯ Holger

 **10 Welche Überraschung wartet am nächsten Tag auf alle?**

◯ Graf Falko spendiert einen neuen Baum.

◯ Die Feuerwehr verleiht Holger einen Orden.

⊗ Huhn Berta hat Küken bekommen.

C Lösungen

Flammen auf dem Martinshof

 1 ein Picknick

 2 Alexander

 3 ein Blitz

 4 In der Scheune ist trockenes Stroh.

 5 Es hat Angst.

 6 Bibi hext eine Blumenwiese.

 7 Huhn Berta

 8 Er will Huhn Berta beschützen.

 9 die Feuerwehr

 10 Huhn Berta hat Küken bekommen.

Tinas großes Turnier

2. Klasse · Erstleser

Kleiner Streit, große Folgen

Morgen findet ein Turnier statt.

Tina hat es bis ins Finale geschafft.

Nun möchte sie den großen Preis

von Falkenstein gewinnen.

Bibi begleitet sie zum Training.

Doch Tina hat heute kein gutes Gefühl.

„Amadeus ist schon den ganzen Tag

so unruhig", klagt sie.

Bibi antwortet: „Das klappt schon.

Bisher lief es doch prima!"

Bibi stellt sich mit Sabrina
neben dem Turnierplatz auf.
Tina winkt ihr noch einmal zu
und beginnt dann ihr Training.
Sie jagt in vollem Galopp
auf ein Hindernis zu.
„Bravo, bravo!",
feuert Bibi ihre Freundin an.
„Du schaffst das!"

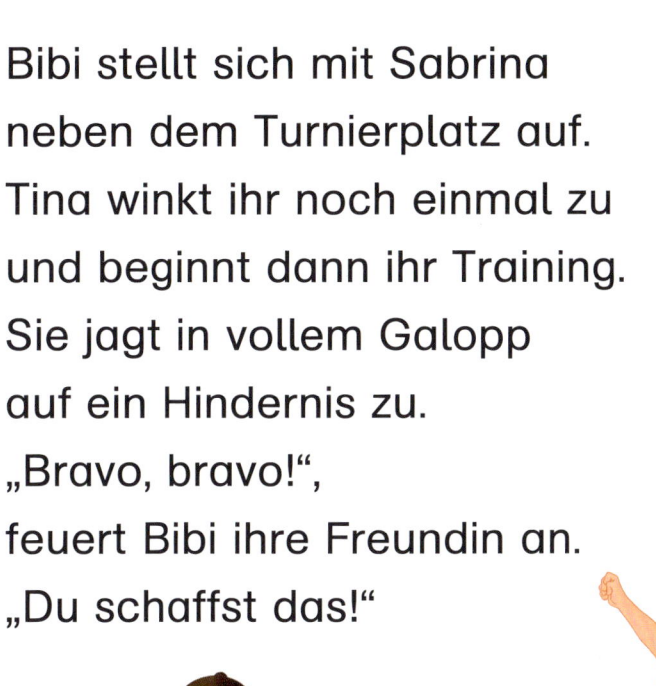

Doch was ist das?
Kurz vor dem Hindernis
verweigert Amadeus plötzlich.
Er wiehert und will steigen.
Zum Glück kann Tina ihn
noch einmal beruhigen.

Sie wendet ihr Pferd
und reitet zum Start zurück.
„Noch einmal, mein Guter",
hört Bibi ihre Freundin sagen.
Amadeus gehorcht.
Mit großen Schritten läuft er los.
Schon sind sie am Hindernis.
Diesmal verweigert Amadeus nicht.
Aber sein Huf trifft eine Stange.

Genervt reitet Tina zu Bibi.
„Was ist nur mit Amadeus los?",
beschwert sie sich.
Bibi nimmt das Pferd in Schutz.
„Amadeus kann nichts dafür",
erklärt sie.
„Ich glaube eher,
du bist nicht ganz bei der Sache."
Tina schluckt. Bibi hat recht.
„Entschuldige, Amadeus", sagt sie.

„Was ist denn los, Tina?",
will Bibi wissen.
„Ich hab' so ein mieses Gefühl",
seufzt ihre Freundin.
Bibi nimmt Tina in den Arm.
„Komm, jetzt sag schon."
Da legt Tina den Kopf
an Bibis Schulter.
„Ich habe mich mit Alex gestritten",
gibt sie endlich zu.
„Jetzt kann ich mich
gar nicht richtig konzentrieren."

Tina und Alexander versöhnen sich

Eines ist Bibi klar:
So kann Tina kein Turnier gewinnen.
„Was soll ich machen?",
fragt Tina ihre Freundin.
„Ganz einfach,
ihr müsst euch wieder vertragen",
antwortet Bibi.
„Komm, wir reiten zu Alex!"
Tina schüttelt den Kopf.
„Nein, er muss sich entschuldigen!"
Aber dann kommt sie doch mit.

Im Galopp kommen Bibi und Tina
auf Schloss Falkenstein an.
Harry, der Stallbursche,
nimmt ihnen die Pferde ab.
„Wo ist denn Alexander?"
will Bibi wissen.
„Der Junge sitzt
schon den ganzen Tag
in seinem Zimmer",
erklärt Harry.

73

Schnell laufen Bibi und Tina
ins Schloss.
Sie durchqueren die große Halle
und eilen die Treppe nach oben.
Einen Moment lang lauschen sie
an der Tür von Alexanders Zimmer.
„Liebe Tina ...",
hören sie ihn murmeln.
„Er ist da", flüstert Bibi,
„und er denkt an dich."
Sie stößt die Tür auf und ruft:
„Überraschung!"

Alexander schreckt hoch.
Er war gerade dabei,
einen Brief an Tina zu schreiben.
Sofort lässt er den Stift fallen
und läuft zu seiner Freundin.
„Wie schön, dass du da bist!",
ruft er erleichtert.
„Ich wollte nicht mit dir streiten.
Es tut mir leid!"
Erleichtert umarmt Tina ihren Freund.
Da fällt ihr Blick auf einen Ring.

„Das ist ja ein toller Ring!",
staunt Tina.
„Ist der für mich?"
Alexander grinst verlegen.
„Nein, also, nicht direkt."
Er wird rot.
„Das ist der Glücksring
meiner Urgroßmutter Amalia.
Ich dachte, wenn ich dir schreibe,
dann brauche ich doch Glück,
und es hat ja auch geklappt!"

Tina ist begeistert.

„Ein Glücksring?

Leihst du mir den für morgen?"

Alexander nickt: „Klar!"

Doch plötzlich überlegt er.

„Eigentlich müsste ich erst

meinen Vater ..."

Aber dann winkt er ab.

„Ach was! Aber pass gut auf ihn auf!"

Der Ring ist weg!

Am nächsten Morgen ist Tina
gut gelaunt und kaum aufgeregt.
Alexander holt Bibi und Tina ab.
Zusammen reiten die Freunde los.
Auf dem Turnierplatz bewundert
ein fremder Reiter den Ring:
„Das ist ja ein tolles Schmuckstück!"
„Ja, das ist ein Glücksring",
erklärt Tina strahlend.
„Damit reite ich doppelt gut!"
Sie zwinkert Alexander glücklich zu.

Kurz vor dem Start kümmert sich Tina
um ihr Pferd Amadeus.
Ein Stallbursche reicht ihr Wasser.
„Oh, dein Ring glitzert ja toll!",
staunt er. „Ist das echtes Silber?"
Tina lacht: „Na klar!"
Sie führt Amadeus zum Einreitplatz.
„Viel Glück!",
rufen Alexander und Bibi ihr nach.
Tina winkt zurück.
Alexander und Bibi nehmen
ihre Zuschauerplätze ein.

Musik erklingt, das Turnier beginnt.

Plötzlich kommt Tina angelaufen.

Sie ist völlig außer sich.

„Der Ring ist weg", stammelt sie.

„Jemand hat ihn gestohlen!

Was soll ich denn nur tun?

Ich muss doch gleich reiten!"

Alexander ist entsetzt.

„Wenn mein Vater das erfährt …!"

Er sieht Tina ärgerlich an.

„Warum hast du nicht aufgepasst?"

Bibi geht dazwischen.
„Das ist kein guter Moment,
um sich zu streiten", sagt sie.
„Tina, du reitest! Alex und ich
suchen den Ring. In Ordnung?"
Die beiden stimmen zu.
Alexander umarmt seine Freundin.
„Du schaffst das",
flüstert er Tina ins Ohr.

Wer ist der Dieb?

Bibi und Alexander
suchen das gesamte Turniergelände ab.
Hier wimmelt es nur so von Leuten.
Wie sollen sie bloß den Dieb finden?
„Da, am Start!",
ruft Alexander plötzlich.
„Das ist der fremde Reiter,
der den Ring so bewundert hat!
Vielleicht hat er ihn gestohlen?"

Die beiden Freunde beobachten
den Reiter aus der Entfernung.
Jetzt reitet der Mann los.
Aber schon beim ersten Hindernis
reißt er zwei Stangen.
Dann fällt er in den Wassergraben.
„Auweia", murmelt Bibi.
„Der hat den Glücksring
sicher nicht."

Die beiden forschen im Stall weiter.

Der Stallbursche ist nicht zu sehen.

„Er hat gefragt,

ob der Ring echt ist",

flüstert Alexander.

„Vielleicht hat er ihn Tina

vom Finger gezogen,

als er ihr das Wasser gegeben hat.

Und jetzt ist er abgehauen."

Plötzlich hören sie ein Geräusch.

Es kommt aus einer Box.

Bibi und Alexander schleichen näher.

In einer Box liegt ein Fohlen.
Der Stallbursche kniet bei ihm.
„Keine Sorge", sagt er leise,
„du wirst wieder gesund, Flecki.
Ich bleibe heute Nacht bei dir."
Bibi und Alexander sehen sich an.
„Da habe ich dem Jungen
aber ganz schön Unrecht getan",
gibt Alexander kleinlaut zu.
„Der hat den Ring sicher nicht."

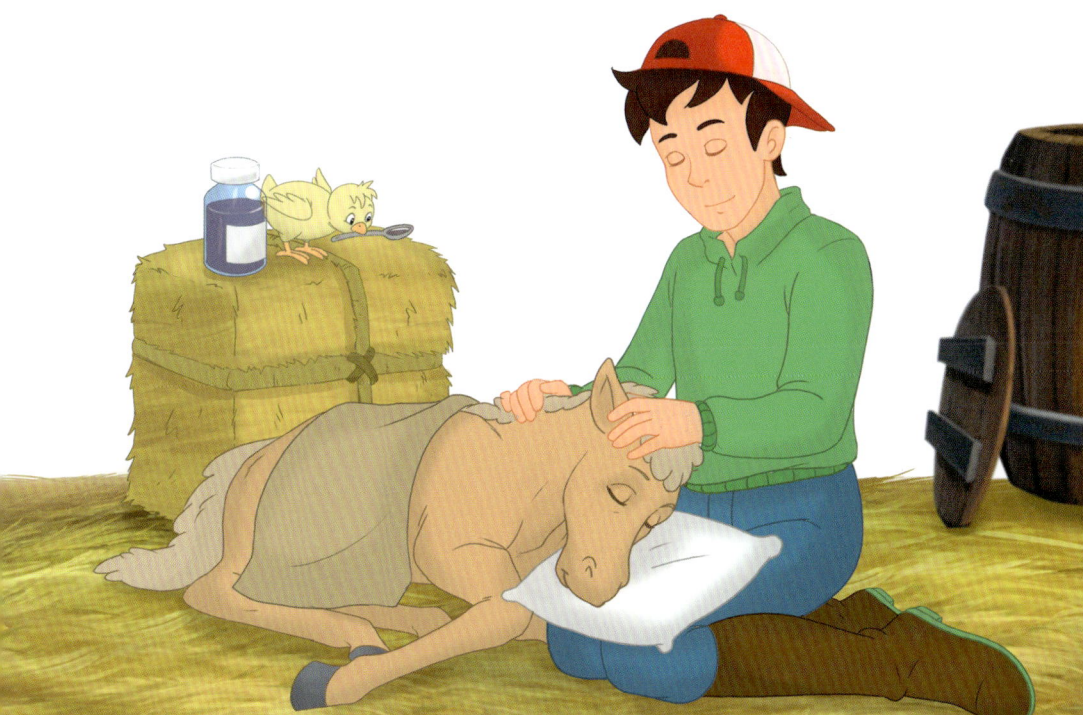

Doch wo ist der Ring?

„Vielleicht hat Tina ihn verloren?",
überlegt Bibi laut.

„Mein Vater wird auf jeden Fall toben.
Egal ob der Ring gestohlen wurde
oder verloren ging",
grummelt Alexander.

„Dann muss ich wohl doch hexen",
sagt Bibi entschieden.

Sie bringt ihre Hände in Hex-Position:
„Eene meene dickes Ding,
zeige uns den Weg zum Ring! Hex-hex!"

Bibi und Alexander sehen,

wie ein Schleier

aus glitzernden Sternen

durch den Stall Richtung Tür wirbelt.

„Schnell, hinterher!", ruft Bibi.

Der Schleier weht nach draußen.

Er bleibt einen Moment

am Zaun beim Einreitplatz stehen

und verblasst dann.

Auf diesem Platz

hatte sich Tina warmgeritten.

„Da vorne funkelt etwas am Zaun!"
ruft Bibi aufgeregt.
„Amalias Glücksring!",
erkennt Alexander erleichtert.
Tina kommt um die Ecke geritten.
Als sie den Ring sieht,
fällt ihr plötzlich alles wieder ein,
und sie wird rot:
„Ich hatte ihn
zum Striegeln abgenommen.
Vor Aufregung habe ich das vergessen."
Bibi lacht: „Nun haben wir ihn ja!"

„Und nicht nur ihn!", strahlt Tina.
Sie zieht einen Pokal
hinter ihrem Rücken hervor.
„Ich habe gewonnen!",
jubelt sie fröhlich.
Alexander steckt den Ring
in seine Tasche.
„Dann brauchst du ja
gar keinen Glücksbringer!",
stellt er fest.
Da lacht Tina. „Doch, euch!"

Hufeisen-Quiz

 **1 Wo findet das große Reitturnier statt?**

- ⭘ auf dem Turnierplatz
- ⊗ auf Schloss Falkenstein
- ⭘ auf dem Martinshof

 **2 Wer will am Turnier teilnehmen?**

- ⭘ Bibi
- ⊗ Tina
- ⭘ Alexander

 **3 Warum glaubt Tina zunächst, dass sie nicht gewinnen wird?**

- ⊗ Sie hat mit Alexander gestritten.
- ◯ Amadeus lahmt.
- ◯ Ihr ist eine schwarze Katze über den Weg gelaufen.

 **4 Was tut Alexander, um sich mit Tina zu versöhnen?**

- ◯ Er bastelt ihr ein Geschenk.
- ⊗ Er schreibt ihr einen Brief.
- ◯ Er backt ihr einen Kuchen.

 **5 Was möchte sich Tina für das Turnier ausleihen?**

- ◯ Urgroßvaters Sattel
- ◯ Bibis Stute Sabrina
- ⊗ Urgroßmutter Amalias Ring

6 Als der Ring weg ist, ist Tina ...

 untröstlich, er war ja geliehen.

○ gleichgültig, er gehörte ja nicht ihr.

○ beleidigt, nun wird sie das Turnier sicher nicht gewinnen.

7 Wodurch finden Bibi und Alexander heraus, dass der andere Reiter nicht der Dieb ist?

○ Er hat eine Dienstmarke der Polizei.

○ Er hat ein Alibi.

⊗ Er hat kein Glück.

8 Wer oder was ist Flecki?

⊗ ein krankes Fohlen

○ ein neues Putzmittel

○ ein Marmorkuchen

 **9 Warum hext Bibi, anstatt weiter zu suchen?**

- ○ Sie will Tina endlich reiten sehen.
- ○ Sie will Alexander großen Ärger ersparen.
- ○ Sie will einen neuen Spruch ausprobieren.

 **10 Tina verrät, welche Glücksbringer sie eigentlich braucht. Welche sind es?**

- ○ Bibi und Alexander
- ○ drei Ketten aus Gold
- ○ vier vierblättrige Kleeblätter

Lösungen

Tinas großes Turnier

 **1** auf dem Turnierplatz

 **2** Tina

 **3** Sie hat mit Alexander gestritten.

 **4** Er schreibt ihr einen Brief.

 5 Urgroßmutter Amalias Ring

 6 untröstlich, er war ja geliehen.

 **7** Er hat kein Glück.

 8 ein krankes Fohlen

 **9** Sie will Alexander großen Ärger ersparen.

 **10** Bibi und Alexander

Der große Streit

2. Klasse · Erstleser

Sieben Tage Regenwetter

Tina wacht auf, weil die ganze Zeit
etwas gegen die Fensterscheibe klopft.
Als sie die Gardine zur Seite zieht,
wird sie richtig sauer.
Es regnet in Strömen, schon wieder!
„Was sind das nur für blöde Ferien",
seufzt sie.

Dabei hatte sich Tina so
auf die Ferien gefreut.
Wettreiten auf Amadeus und Sabrina,
ein großes Picknick mit Alexander ...
Und jetzt läuft alles anders.
Seit Tagen regnet es,
und Alexander ist
mit seinem Vater zum Gestüt
nach Ungarn gefahren.

„Guten Morgen!", wünscht Bibi und
streckt sich wohlig in ihrem Bett.
„Was soll an diesem Morgen
schon gut sein?",
knurrt Tina zurück.
„Sieh doch mal aus dem Fenster."
Bibi lacht.
„Das brauche ich nicht",
antwortet sie fröhlich.
„Ich weiß, was da draußen ist:
der schönste Reiterhof der Welt!"

Bibi wirft Tina ein Halstuch zu.

Es ist ihr Freundinnentuch.

Bibi hat genau das gleiche.

Wenn sie es tragen,

weiß jeder sofort,

dass sie und Tina

die besten Freundinnen sind.

Als Bibi es Tina geschenkt hat,

hat Tina sich wahnsinnig gefreut.

Aber heute kann das Tuch

Tina nicht aufheitern.

Bibi muss sich
eine bessere Aufmunterung überlegen.
„Hey, Tina!", ruft sie.
„Wir können doch auch
bei Regen Spaß haben.
Schließlich sind wir Freudinnen!"
Sie nimmt ihr Kissen und zielt.
Dann holt sie schwungvoll aus und wirft.
„Kissenschlacht!", johlt Bibi.
Der Wurf geht voll daneben.

Das Kissen saust zu Tina und
trifft dabei das Bild von Tina und Alex.
Es fällt zu Boden und zerbricht.
„Kannst du nicht aufpassen!",
schimpft Tina stinksauer.
„Entschuldigung!
Das kann ich doch wieder ganz hexen",
sagt Bibi.
Dann fügt sie hinzu:
„Also du bist wirklich schlecht drauf,
wenn Alex nicht da ist."

Tina haut ab

„Eene meene Elfentanz,

das Bild im Nu ist wieder ganz. Hex-hex!",

hext Bibi schnell und

überreicht Tina das neu gerahmte Foto.

Tina lächelt ganz leicht und nickt.

Dann bindet sie sich

ihr Freundinnentuch um.

„Jetzt ist alles wieder gut, ja?",

freut sich Bibi.

Da ruft Frau Martin aus der Küche:
„Tina! Bibi! Wo bleibt ihr denn?"
Ihre Stimme klingt ungeduldig.
„Ihr wolltet doch längst
die Hühner füttern."
Tina lässt einen tiefen Seufzer los:
„Was sind das nur für blöde Ferien!"

Fünf Minuten später sitzen die Mädchen
beim Frühstück.
„Lecker, frische Brötchen!",
freut sich Bibi.
Aber Tina rümpft die Nase.
„Kräutertee?", nörgelt sie.
„Gibt es keinen Kakao mehr, Mutti?"

Frau Martin verschränkt die Arme.
„Nein, Kakao ist alle.
Da hättet ihr
früher aufstehen müssen",
erklärt sie mit einem Blick
auf die Küchenuhr.
„Unsere Hühner würden übrigens
auch gerne vor dem Mittagessen
frühstücken."
Tina stöhnt und verdreht die Augen.

„Also Tina!
Was ziehst du denn für ein Gesicht?",
fragt Frau Martin.
„Davon wird das Wetter nicht besser.
Und Alex kommt so auch nicht
früher nach Hause."
Bibi lacht: „Sag ich doch!
Wir können auch so Spaß ..."
Weiter kommt sie nicht.

Tina springt von ihrem Stuhl auf.
„Ihr versteht überhaupt nichts!",
schimpft sie.
„Und du, Bibi, bist auch gegen mich!"
Sie knotet sich das Tuch vom Hals.
„So eine Freundin brauche ich nicht!",
ruft sie aufgewühlt.
„Das Tuch kannst du behalten!"
Tina wirft das Tuch auf den Boden.
Dann rennt sie aus der Küche.

Ein Unglück
kommt selten allein

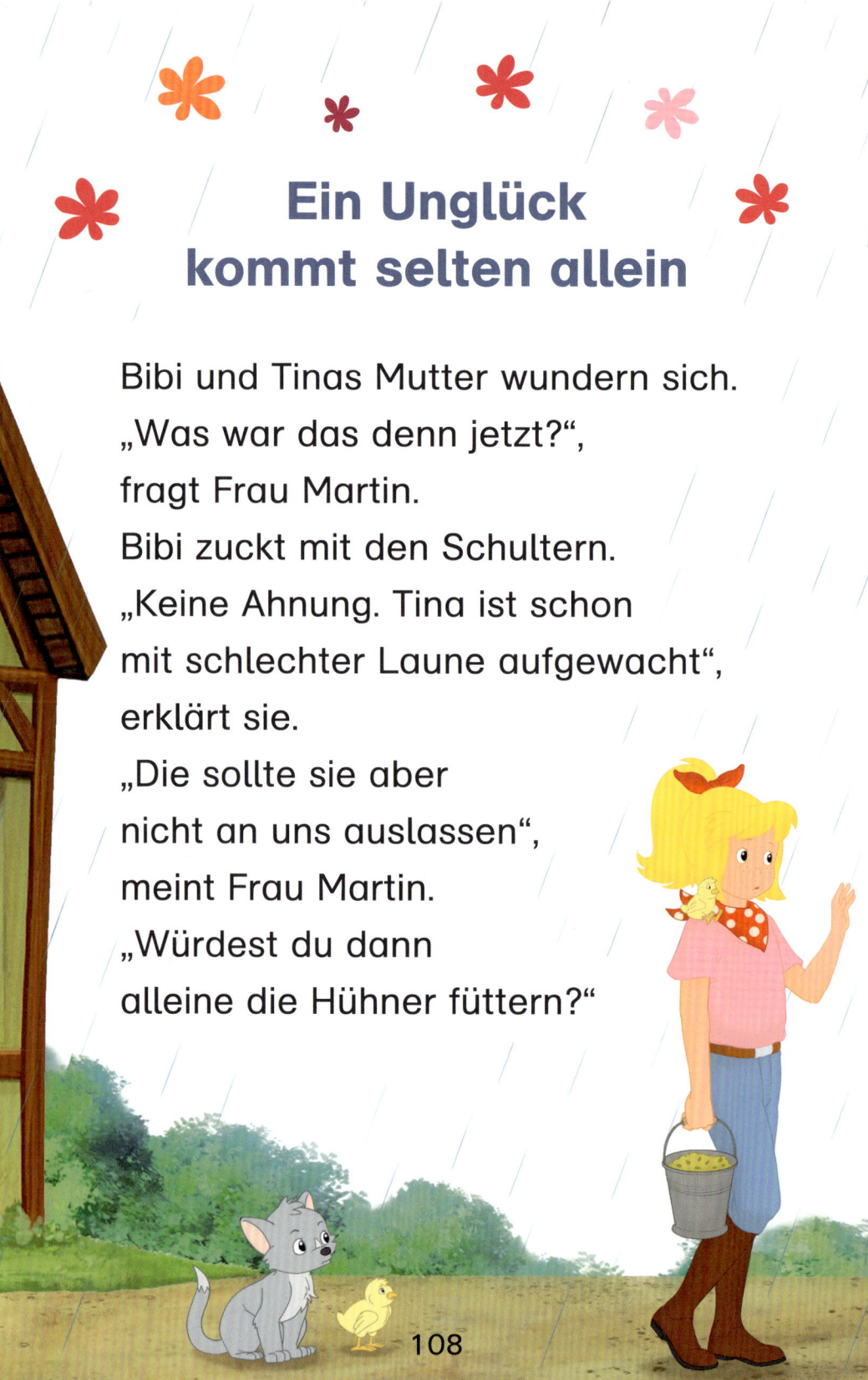

Bibi und Tinas Mutter wundern sich.
„Was war das denn jetzt?",
fragt Frau Martin.
Bibi zuckt mit den Schultern.
„Keine Ahnung. Tina ist schon
mit schlechter Laune aufgewacht",
erklärt sie.
„Die sollte sie aber
nicht an uns auslassen",
meint Frau Martin.
„Würdest du dann
alleine die Hühner füttern?"

Als Bibi mit dem Hühnerfutter
auf den Hof tritt,
sieht sie Tina gerade noch.
Ihre Freundin jagt auf Amadeus
Richtung Wald,
obwohl es stark regnet.
„Wo willst du bei diesem Regen hin?",
ruft Bibi ihr hinterher.
„Bleib doch hier!"

„Lass mich in Ruhe.
Ich brauche keine Ratschläge!“,
schimpft Tina in sich hinein.
Der Regen peitscht ihr ins Gesicht.
„Wenigstens auf dich
ist noch Verlass, Amadeus“,
lobt sie ihr Pferd.
Immer tiefer und tiefer
reitet sie in den Wald.

Bibi hilft inzwischen
Tinas Bruder Holger
beim Stallausmisten.
Da hört Bibi lautes Gewieher.
Amadeus trabt auf den Hof.
Aber sein Sattel ist leer!
Bibi bekommt einen Riesenschreck.
Wo ist Tina?
Bibi ist sofort klar:
Es muss etwas geschehen sein.

Freundinnen
helfen sich

Bibi eilt zu Sabrina in die Box.
Sie sattelt die Stute und
führt sie auf den Hof,
wo Amadeus ungeduldig auf und ab geht.
„Los geht's, Amadeus!",
ruft Bibi ihm zu und
schwingt sich in den Sattel.
„Wir müssen Tina finden!"
Amadeus schnaubt kurz,
dann trabt er zum Tor hinaus.

In schnellem Galopp reitet Bibi
durch den Wald hinter Amadeus her.
Sie macht sich große Sorgen um Tina.
Hoffentlich ist ihrer Freundin
nichts Schlimmes passiert!
Zum Glück hat sich Amadeus
den Weg genau gemerkt.
Bei jeder Abzweigung weiß er,
welchen Weg er mit Tina geritten ist.

Endlich kommt Bibi
am Unglücksort an.
Tina sitzt unter einem Baum
im Trockenen und hält ihr Bein.
Als sie Bibi sieht,
strahlt sie über das ganze Gesicht.
Bibi springt von Sabrinas Rücken und
läuft zu ihr.
„Was machst du denn für Sachen?",
fragt Bibi besorgt.

Tina versucht zu lächeln.

„Ein Wildschwein brach plötzlich
aus dem Gebüsch,
und Amadeus hat gescheut",
berichtet sie.

„Nach der unsanften Landung
kann ich jetzt nicht mehr auftreten.
Vermutlich ist mein Bein verstaucht."
Bibi hilft ihr auf und stützt sie.

„Das wird nichts",
erkennt Bibi.
„Alleine reiten kannst du so nicht.
Und dein Bein
sollten wir besser schienen."
Schnell hat Bibi
einen geeigneten Ast gefunden.
Mit ihrem Freundinnentuch
knotet sie ihn an Tinas Bein fest.
Aber die Schiene hält nicht richtig.

„Kein Problem", meint Bibi lächelnd.

„Zum Glück habe ich ja zwei Tücher."

Sie zieht Tinas Tuch aus der Tasche.

„Das hast du vorhin

in der Küche verloren."

Im Nu ist Tinas Bein geschient.

„Ach, Bibi, es tut mir so leid",

entschuldigt Tina sich.

„Ich hatte wirklich schlechte Laune,

weil ..."

„Ich weiß schon warum", winkt Bibi ab.

„Ja, aber du hast dir richtig tolle
Freundinnen-Ferien mit mir erhofft",
bedauert Tina.

Da lacht Bibi:

„Schon gut. Dazu gehört auch,
dass die Freundin
mal schlechte Laune haben darf."

Tina freut sich. Der Streit ist vergessen.

„Aber wie kommen wir nach Hause?
Ich kann nicht auftreten",
überlegt sie dann.

Bibi lächelt, hebt ihre Arme und hext:
„Eene meene Sommerblitz,
Tina auf Sabrina sitzt. Hex-hex!"
Schon sitzt Tina
fest im Sattel von Sabrina.
„Gut so?", fragt Bibi.
„Prima!", lacht Tina.
Dann reiten sie los.
Bibi und Tina,
beste Freundinnen für immer!

Hufeisen-Quiz

 **1 Was verdirbt Tina den Morgen?**
- ◯ Husten
- ◯ Regen
- ◯ Hausaufgaben

 **2 Welches Getränk hätte Tina gerne zum Frühstück?**
- ◯ Kakao
- ◯ Kräutertee
- ◯ Limonade

 **3** **Was sollen Bibi und Tina gleich nach dem Frühstück machen?**

○ Pferde striegeln

○ Kühe melken

○ Hühner füttern

 **4** **Warum reitet Tina so eilig davon?**

○ Sie will zu Alexander.

○ Sie denkt, alle wären gegen sie.

○ Sie bringt ein Kleid zum Schneider.

 **5** **Warum sucht Bibi nach Tina?**

○ Holger findet Tinas Freundinnentuch am See.

○ Amadeus kommt alleine zurück.

○ Die Polizei ruft an.

 **6 Warum hat Amadeus gescheut?**

- ○ Er hat sich erschreckt.
- ○ Er wurde ausgeschimpft.
- ○ Er hatte Hunger.

 **7 Was benutzt Bibi, um Tinas Bein zu schienen?**

- ○ einen Verbandskasten
- ○ zwei Freundinnentücher
- ○ drei Streifen Klebeband

 **8 Wie kann man einen Streit am besten beenden?**

- ○ durch eine Prügelei
- ○ durch eine Entschuldigung
- ○ durch neue Vorwürfe

9 **Was, meint Bibi, muss man bei einer guten Freundin auch mal aushalten können?**

◯ schlechte Laune

◯ Stinkfüße

◯ Faulheit

10 **Wie kommen Bibi und Tina wieder zurück zum Martinshof?**

◯ Bibi stützt Tina bis nach Hause.

◯ Bibi hext sie hin.

◯ Sie reiten zusammen auf einem Pferd.

Lösungen

Der große Streit

1 Regen

2 Kakao

3 Hühner füttern

4 Sie denkt, alle wären gegen sie.

5 Amadeus kommt alleine zurück.

6 Er hat sich erschreckt.

7 zwei Freundinnentücher

8 durch eine Entschuldigung

9 schlechte Laune

10 Sie reiten zusammen auf einem Pferd.